Erich Marcks

Alfred Lichtwark

Marcks, Erich: Alfred Lichtwark
Hamburg, SEVERUS Verlag 2014
Nachdruck der Originalausgabe von 1914

ISBN: 978-3-86347-772-1
Druck: SEVERUS Verlag, Hamburg 2014

Der SEVERUS Verlag ist ein Imprint der Diplomica Verlag GmbH.

Bibliografische Information der Deutschen Nationalbibliothek:
Die Deutsche Nationalbibliothek verzeichnet diese Publikation in der Deutschen Nationalbibliografie; detaillierte bibliografische Daten sind im Internet über http://dnb.d-nb.de abrufbar.

© **SEVERUS Verlag**
http://www.severus-verlag.de, Hamburg 2014
Printed in Germany
Alle Rechte vorbehalten.

Der SEVERUS Verlag übernimmt keine juristische Verantwortung oder irgendeine Haftung für evtl. fehlerhafte Angaben und deren Folgen

SEVERUS

Heute vor zwei Monaten ist Alfred Lichtwark gestorben. Die Trauer um ihn ging durch Deutschland, sie ist in Hamburg in immer neuen Formen der Erinnerung und der Huldigung laut geworden. Der hamburgische Staat hat seine Dankbarkeit durch eine zartsinnige Tat erwiesen, und sein präsidierender Bürgermeister hat vor Senat und Bürgerschaft in feierlicher Form dieses erloschene Leben als eines der wertvollsten für diese Stadt beklagt. Die Verwaltung des Institutes aber, dem dieses Leben vor allem gehörte, der Kunsthalle, hat gleich nach seinem Tode die Feier entworfen, die uns heute vereint: in ihrem Auftrage, von ihrem Vorsitzenden Herrn Bürgermeister Predöhl geladen, richte ich an Sie das Wort. Und wie der Lauf der Tage inzwischen weitergegangen ist, so soll es nicht eigentlich eine Trauerfeier, sondern eine Ehrenfeier sein, die wir heute halten.

Zwar immer wieder wallt uns, die wir Lichtwark gekannt haben, die Trauer in trüben schweren Wolken empor, und daß wir ihn nicht mehr haben, begreifen wir noch immer kaum. Vor unsern Augen steht die Erscheinung des Mannes inmitten seiner Welt, unabtrennbar von dieser Hamburger Welt: in seiner eigentümlichen Mischung von Straffheit und Lässigkeit, von geschlossener Würde, selbstbewußter Kraft, und leichtbeweglicher, heller und sprühender Anmut, die durchgearbeiteten Züge des niedersächsischen Imperatorenkopfes geistreich lebendig, mit einem Ausdruck starken und manchmal abweisenden Willens, überlegen und kriegerisch, heiter und gütig, um Augen und Mund ein ausstrahlendes und wechselreiches Licht, auf den Lippen ein Lächeln, ein Epigramm. So sahen wir ihn ja in seinem Museum, in leichter Sicherheit, herrschend, empfangend, repräsentierend, den Fremden ein wandelndes Wahrzeichen hamburgischen Geistes, höflich und bestimmt und voll der Liebe für seine Schöpfung, die er erläuterte und die er zum Reden und zum Atmen brachte: denn wohin er blickte, da entzündete er Leben. Wir sahen ihn, in hundert Formen aus seiner Kunsthalle hinauswirkend in alles Dasein dieser Stadt: eine Kraft dieses hamburgischen Daseins, in sich und innerhalb der Nation. Sein eigenes Dasein fanden wir selbstverständlich, wir ließen uns von dem Strome von Geist, der unablässig von ihm ausging, umfangen, als müsse das so sein. Daß er etwas Außerordentliches war, das spürten wir wohl. Er selber stellte sich jedem Dinge und jedem Willen persönlich gegenüber, mit Neigung oder Abneigung, da gab es nichts Gleichgültiges, und auch zu ihm stellte sich jedermann mit klarem Ja oder Nein, mit Liebe oder Haß. Außerordentlich war auch die Auswirkung seines Wesens. Sie beseelte sein Museum, das eben deshalb seinesgleichen nicht hatte in ganz Deutschland; sie ergriff alle Fragen, der geistigen wie der allgemeinen Kultur, in Heimat und Volk. Er fußte auf einem sichtbaren Lebenswerke und entwickelte es rastlos fort, er blieb in steter Bewegung, daheim wie draußen, er regte immer Neues an, fragte, prüfte, organisierte, gestaltete. Wir sahen ihn – er selber hat in seiner vielleicht persönlichsten Schrift, der entzückenden Biographie seines Meisters Justus Brinckmann, ein gut Teil seiner eigenen Art mitgeschildert –, wir sahen ihn sonderbarer Widersprüche voll, in „einem ewigen Gedränge seelischer Antriebe", stets mit zehn Dingen beschäftigt, anscheinend unstet, und doch voll langer Geduld, geduldig-ungeduldig als Kämpfer, springend und zäh, schroff und vorsichtig; einen Erzieher und einen Agitator ohne einen Hauch, sei es von Pedanterie, sei es von Fanatismus, weit sich ausbreitend und still in sich zurückgezogen; wir sahen diese schillernde Fülle und diese klare Folgerichtigkeit und wußten, daß sein Besitz ein beneidenswerter Reichtum für uns alle war. Aber wir nahmen dies alles hin, selbstverständlich, wie es sich uns darbot, gleich einer Naturkraft. Wo ist der Quell dieser Ströme, die Einheit dieser Vielfältigkeit, der Ursprung dieses Wesens und Werkes gewesen? Er selber hat mancherlei Winke für diese Fragen gegeben, die nun aus den Entschwundenen eindringen wollen, den wir begreifen, den wir ergreifen möchten im Geheimnis seiner Wirkung und seines Willens. Heute stellen wir diese Fragen – nach dem Kern und dem Ziele dieses Lebens, das uns teuer war und bleibt, nach Zeit und Persönlichkeit in ihrem Zusammenwirken. Die Antwort ist noch unvollkommen genug, aber sie hebt uns über die Trauer zur Vergegenwärtigung des Ganzen empor, das er war. Und eines wird da sichtbar werden: die Einheitlichkeit dieses Daseins war erstaunlich groß.

Im Herbst 1886 trat der junge Lichtwark das Direktorat der Hamburger Kunsthalle an. Was war das für eine Zeit?

In Deutschland war es die Spätzeit Kaiser Wilhelms I. und Bismarcks, die Zeit von Bismarcks großer neuer Innenpolitik, der wirtschaftlich-sozialen. Der Gründer des Reiches erfüllte das Reich, das er gewaltig zusammenfaßte, mit einem ungeahnten, derberen und doch mächtigeren Inhalt; er erfüllte die Nation mit der stärksten, sittlich-materiellen nationalen Arbeit. Auch die geistige Kultur suchte nach neuen Gestalten. Die Literatur und die Kunst der Jahrhundertmitte hatten sich in den Siebzigern vollendet und erschöpft. Das Reich war da. Ein Zeitalter materieller Erfolge stieg auf. Man suchte neben Staat und Wirtschaft nach neuem Inhalt und neuen Formen auch für die Kultur. Die Masse dehnte sich aus; aus dem Boden des neuen Reiches erwuchs so Reichtum wie Elend in breiterer Wucht. Die seelische Einheit folgte der politischen nicht nach. Ein plumper tastender Ungeschmack erfüllte die neuen Städte, die Massenindustrien, das Haus. In den achtziger Jahren fragte und strebte das heranwachsende Geschlecht nach einem neuen Ideale, das diese Reichtümer beseelen und diese Unfertigkeiten veredeln könnte, nach einem neuen Kulturideale für das Deutschtum, inmitten der neuen Massengewalten nach einem Halte für den deutschen Geist und die deutsche Persönlichkeit.

Auch Hamburg war durch zwei Menschenalter gesammelter wirtschaftlicher Arbeit hindurchgegangen. Die politische der Nation hatte es nur mitgemacht, in der wirtschaftlichen war es eigen und schöpferisch gewesen, aber auch immer einseitiger geworden. Jetzt riß der Zollanschluß die Schranken zwischen ihm und dem Reiche vollends nieder; jetzt tat es eben den Schritt von der Mittelstadt zur Großstadt. Seine alte geistig-künstlerische Kultur hatte es im Ringen um seine Handelsstellung begraben; sein wissenschaftliches Leben hatte seine alten, längst morsch-gewordenen Institute verloren. Auch hier aber drängten die Massen auf, der Staat hatte die Volksschule errichtet und begann von neuem, nach der höheren Bildung auszuschauen. Das geistige Leben regte sich ungeduldig auch hier; dem künstlerischen wies Brinckmanns Gewerbemuseum wieder neue Ziele. Die Kunsthalle, durch die Tätigkeit freier Vereine und einzelner Sammler vorbereitet und weitergefördert, dann vom Staate gefaßt und gehoben, war in ihren Beständen zufällig und arm, durch Schwabes englische Schenkung soeben mehr noch geschwellt als innerlich bereichert; sie war bisher ohne eigenes Gesicht und eigene Leistung. Da berief man ihr in Lichtwark ihren ersten fachmännischen Direktor. Er brachte ihr hinzu, was ihr bisher fehlte: Persönlichkeit.

Sein eigener Gang war freilich in höchst ungewöhnlicher Art persönlich gewesen. Er war am 14. November 1852, als Sohn eines Landwirts und Müllers und einer Nachkommin des großen Johann Sebastian Bach, zu Reitbrook an der Grenze der Vierlande geboren; dort hat er die ersten Kinderjahre verlebt. Er war gerade schulreif, da zogen die Eltern nach Hamburg. Er verlor den Vater früh; er hat, nach seinem eigenen Bericht, eine höhere Bürgerschule, dann die Lehrerbildungsanstalt besucht, und ist viele Jahre lang, zuerst an der Jakobikirchenschule, zuletzt an einer höheren Bürgerschule (der Gottschalckschen) Lehrer gewesen. Aber die Lehrerprüfung hat er nie gemacht. Zwischendurch, nach lateinisch-griechischen Vorstudien bei einem der Geistlichen seiner Jakobikirche, zwei Anläufe auf das Gymnasium, das Altonaer, das ihn bis an die Prima brachte, und das Akademische zu Hamburg: auch da kein Abschluß. Er fühlte sich wohl über das Lernen auf der Schulbank bereits hinausgediehen; er kehrte zum Lehren zurück. Was gäbe man darum, von seinen inneren Erlebnissen in diesen langen Jahren zu wissen! Erzählt hat er von den allerfrühesten: von den geschorenen Hecken des Bauerngartens, die einst seine Welt einschlossen und zwischen denen der liebe Gott gewandelt war am Abend, da es kühl ward. Da hatte Gott gerufen: Adam, wo bist du? und Adam und Eva „hielten sich in der dunklen Laube versteckt, angstvoll und schuldbeladen, denn sie hatten Apfel weggenommen". Oder er besuchte die alte Frau Menck in ihrem kleinen Zimmer mit dem blauen Ofen, den bunten Nippfiguren und den eingelegten Stühlen, und ließ sich von ihr schauernd grausige Geschichten erzählen und die Bilder auf ihren Kacheln anschaulich deuten, von Kain und Abraham, von Christus und dem Teufel. „Heute weiß ich, daß meine kindliche Seele hier zuerst Kunstwerke sehen gelernt hat, und daß die alte Frau mein erster Lehrer der Kunstbetrachtung gewesen ist. "Oder er spähte von der alten schiefen Weide herab nach den fernen Eisenbahnzügen an der Geest hinüber und grübelte über den Dampf und sprach mit Ehrfurcht und Grauen das fremdartige Wort nach, dessen Klang mit seinen drei o und dem kreischenden i den pustenden Koloß so unheimlich malte, die Lokomotive. Also er sah und hörte von früh auf mit offenen Sinnen und empfänglicher Phantasie. Er muß ein echter Lehrer gewesen sein: sein ganzes Leben zeigt die Spuren davon; er muß Freude am Lehren gehabt haben. Aber ausgefüllt hat es ihn offenbar nicht, jene Anläufe zeigen es. Man ahnt einen langen Durst nach höherer Bildung, nach Kunst. Von 1878–80 genoß er Vorträge und Übungen bei Brinckmann: das entschied über sein Leben. Er sehnte sich an das Museum; Freunde, die Brinckmann beriet, halfen ihm, und er durfte endlich studieren. 27jährig hat er Ostern 1880 die Universität Leipzig bezogen, ein Jahr darauf holte ihn sich, dank Brinckmanns Vermittlung, Julius Lessing an das Kunstgewerbemuseum nach Berlin: im Museumsdienste blieb er und stieg 1884 zum Bibliothekar auf. Nebenher studierte er weiter; den Grund hatte Anton Springers historisch gerichtete Unterweisung gelegt, in Berlin ergänzte sie Herman Grimm mit seinem literarisch-persönlichen Zuge, die Hauptsache gab das Museum dazu. In Leipzig hat er dann im Jahre 1885 mit einer stattlichen Schrift zur deutschen Frührenaissance den Doktorgrad erworben. Auch diese Studien hatten etwas Unregelmäßiges. In Leipzig hat ihn Richard Muther kennen gelernt; er hat den Eindruck beschrieben, den der unstudentische Student auf die Fachgenossen machte: er war nicht in Italien gewesen, er schätzte dieses Wissen der anderen nicht einmal hoch, aber er erzog sie auf Ausflügen, auf Friedhöfen, in Kirchen zum Sehen, und lehrte sie, daß ihnen bislang Auge, Urteil, Geschmack, Kunstempfindung gefehlt habe. In Berlin nahm man ihn sogleich für voll: Muther fand ihn dort wieder, als Assistenten und Schriftsteller, als eleganten Mann, geselligkeitsfroh, in einer Wohnung mit bürgerlich vornehmen alten Möbeln, Radierungen an den Wänden, wie einen Amateur, den sinnliche Freude zu seinem Fache geführt hat und der auch seine Umgebung zum Kunstwerke macht.

Eine eigentümliche Verbindung also von Autodidaktentum und wenigstens nachträglicher, akademischer Schulung. Mit 26 Jahren erst kam er zu Brinckmann; was er vorher gelernt hatte, wissen wir nicht. Seine Bücher lassen gelegentlich ahnen, daß die Naturwissenschaft dabei voranstand – die Wissenschaft, oder doch die Beobachtung. Beobachter hatte er mit ungebrochener Schärfe der Organe, mit unverbildetem Sinne, im Verkehre mit Volk und Natur, an den Dingen selbst, von denen keine Theorie und kein Urteil, kein Vorurteil ihn trennte, frisch, liebevoll und unmittelbar. Er hatte sich seine geistigen Bedürfnisse selbständig erlebt und alle seine Wege selbstgesucht: deshalb konnte er nachher alles, was ihn anging. Das Wunderbare aber ist, daß er von den Nachteilen dieser Vorteile des Autodidakten ganz frei geblieben ist. Er hat sein Leben lang alle Dinge gesehen und alle Aufgaben aufgegriffen, als habe er nie einen Vorläufer gehabt. Aber von dem Eigensinn und der Verranntheit, von dem Willkürlichen und Unausgeglichenen, die den Schüler seiner selbst so leicht verfolgen, blieb er frei. Man mag in der Kämpferderbheit, die gelegentlich bei ihm durchschlug, ein glückliches Erbe seiner rauhen Jugend vermuten. Im übrigen ist er lebenslang im besten Sinne bescheiden und selbstbeherrscht gewesen, ein Mann von vornehmem Zuge, frei, sicher und gehalten, nie ein Gelehrter im zünftigen Sinne, aber ein völlig durchgebildeter Mensch von reicher, feiner und gerundeter Kultur. Das Beste davon muß er mitgebracht haben- die zarte Treue, mit der er lebenslang an Mutter und Schwester hing, weist auf den Ursprung seines Wesens hin. Zuletzt, von Leipzig an, muß er gelernt haben, wie nur ein hochbegabter Mensch, der seine Bahn gefunden hat, zu lernen vermag. Er wußte es wohl: „jeder Mensch wird im Grunde mit allen Gedanken geboren, die er haben kann"; jetzt vermochte er sie auszudenken. Er hat in seinem Brinckmann von seltsamen Lebenswegen gesprochen, die ziellos im Zickzack zu verirren scheinen: plötzlich aber steht, der sie durchlief, vor seinem Ziele, und nun mit einmal zeigt sich, daß der vermeintliche Umweg nur Vorbereitung für seine Lebensaufgabe und alles anscheinend Krumme vielmehr gerade gewesen ist. Alfred Lichtwarks lange Wartezeit war unverloren für sein kommendes Werk; sein Werk ist, wie jedes starke Menschenwerk, nichts als die Übersetzung seines persönlichen Erlebnisses ins Allgemeine. Aber nun drängte es ihn auch, sich zu betätigen.

Sie wollen von Berlin nach Hamburg? fragte ihn 1886 Heinrich von Treitschke ungläubig; da kommen Sie ja vom Wasser auf den Sand! Lichtwark hat diese geographische Paradoxie lächelnd widerlegt. Er wußte, daß er in seine Heimat gehörte, und er wollte dort etwas, daß ihm das Opfer glänzender Aussichten in der Hauptstadt lohnte. „Was enthält so mächtige Triebkraft," so hat er später gefragt, „wie der Traum einer starken jungen Seele?

Was wollte er? Er hatte, neben seiner wissenschaftlichen Arbeit her, seit 1881 in der Gegenwart und der Nationalzeitung eine lange Reihe lebensvoller Tagesaufsätze veröffentlicht. Sie sprechen von neuen Quellen und Aufgaben deutscher Kunst und deutschen Kunstgewerbes und von den Mängeln, der Hast und Ratlosigkeit, die wir zu überwinden hätten, von Kunsterziehung, von technischer Bildung, vom Rechte des Auges, von Indien und Japan und Dänemark, von Möbeln und Gärten: überall schon der ganze Lichtwark. Sie sprechen von Rembrandt und seiner eingeborenen Kunst, von den Neuen jener Jahre, dem späten Menzel, von Thoma, von Böcklin, Hildebrand und Klinger.

Nun war er in Hamburg. Er hat in den drei Jahren 1886.87.88 drei Programme vorgetragen: über die Aufgaben der Kunsthalle, über die Kunst in der

Schule, über die innere Ausstattung des Rathauses. Im Grunde enthalten sie sofort sein ganzes Lebenswerk.

Welches sind die Aufgaben der Kunsthalle? Keine uferlose Vermehrung, aber eine Vermehrung nur um Meisterwerke: um wenige, bedeutende Gemälde des 19. Jahrhunderts und der Gegenwart, um wenige Marmore und Bronzen, die einen Maßstab liefern, um mehr Werke der Graphik, der alten deutschen und alten holländischen, der deutschen, englischen und französischen des 19. Jahrhunderts. Vor allem aber: die Kunsthalle muß lehren. Hamburg hat weder Universität noch Polytechnikum noch Akademie: die Kunsthalle muß an deren Statt zu ihrem Teile Hamburg künstlerisch erziehen, mit sittlich-ästhetischem und volkswirtschaftlichem Ziel. Sie muß ausstellen, sie muß vor den Dingen, durch Anschauung dozieren, sie muß erziehen, zum Sehen, zum Reisen, zum Kunstbedürfnis, sie muß die Schulen zu sich rufen, sie muß die große geistige Vergangenheit Hamburgs in Norddeutschland wieder aufzuwecken helfen. Lichtwark umgab diese hamburgischen Forderungen, indem er 1887 zu seinen alten Berufsgenossen, den Lehrern sprach, alsbald mit einer Schale weiter deutscher Gedanken: die deutsche Weltstellung, die deutsche Bildung, die deutsche Kunstproduktion schreit nach Erziehung, nach Selbstbehauptung, nach Anschauung. Das hat die Schule zu leisten, an heimischer Kunst und an der Schönheit der heimischen Landschaft. Und der heimatliche Staat, das fügte er 1888 hinzu, hat heute ein Mittel in der Hand, die

Staatsidee, die Erziehung der Bevölkerung zu hamburgischem Stolze, durch die Kunst und mit der Kunst zusammen schöpferisch zu fördern: benutze er nur den Rathausbau, um ein selbstbewußt hamburgisches Kunstgewerbe heranzuziehen, durch große, stolze Aufträge, durch Bildung des Geschmackes zur Einfachheit und zur Gediegenheit, durch eine Gewöhnung, die von dem beherrschenden Mittelpunkt der Stadt heilsam hernieder ströme auf Bürger und Künstler und Handwerk zugleich.

Es ist kaum ein späterer Gedanke Lichtwarks, dessen Keim nicht schon in diesen ersten Aufrufen steckte. Aber freilich, entfaltet hat sich so mancher erst in den Jahren danach. Von einer Galerie, die alle Kunstzeitalter umfassen wollte, will Lichtwark schon 1886 nichts für Hamburg wissen, aber noch betont er englische und daneben französische Kunst stärker, als er später tat, noch will er die Lehrsammlung, die Gipse, pflegen, noch will er auch italienische und spanische Kunstgeschichte lehren, und wenn er von den Deutschen seines Jahrhunderts spricht, so nennt er die Nazarener von Cornelius bis Steinle. Er deutet auf die Gegenwartskunst, aber er führt aus ihr noch keine Namen an; und in seinen Aufsätzen in Berlin war wohl von Thoma und Klinger und Böcklin, noch nicht von der neuen Gruppe um Liebermann die Rede. In seinen Programmen schlägt er den heimatlichen Ton an: aber den prinzipiellen Wert des Deutschen und des Niederdeutschen, im Gegensatz zu allem Fremden, verkündet er noch nicht. Den Abschluß gab auch seinen Ansichten und seiner historischen Stellung erst die Bewegung der Jahre, die aus 1886 folgten. Wohl konnte er freier reden, je fester er in Hamburg Fuß faßte; aber er muß sich auch selber erst noch entwickelt haben. In Berlin erhob eine neue Kunst ihr Haupt und warf sich der älteren entgegen; ich nenne nur die Namen Hauptmann und Liebermann. 1890 schleuderte Langbehns „Rembrandt als Erzieher" die Forderungen eines neuen deutschen, eines neuen niederdeutschen Geisteslebens wirr, glühend und zwingend in das junge Deutschland hinein. Lichtwark verkehrte mit Langbehn; in Lichtwark arbeiteten verwandte Gedanken, wenngleich in nüchternerer, klarerer, möglicherer Form; wer von den beiden hat auf den andern stärker gewirkt? Ging Lichtwark in dieser Krise mit oder voran? Wieviel Neues erlebte er sich selber in jedem neuen Jahre auf dem heimatlichen Boden? Er hatte nur ein paar Schritte weiterzugehen, über 1886 hinaus; getan hat er diese Schritte in der Zeit bis und um 1890, und nach dem Maße seiner Selbständigkeit wage ich heute nur zu fragen. Kurzum: er trat in jenen Jahren auf die volle Höhe seines Lebenswerks, von da ab war er als Ganzer fertig. Ein jedes Jahr schon damals zeigt einen wichtigen neuen Ansatz: 1887 die Heranholung der Schule, 1888 den Erwerb der Sammlung alter Niederländer, 1889 und 1890 die Grundlegung der Sammlungen zur Geschichte der Malerei in Hamburg und der zeitgenössischen Bilder aus Hamburg, 1891 der Hamburger des 19. Jahrhunderts, und daneben der echten Skulpturen und der Medaillen und Plaketten, denen Lichtwarks erster weiter Eroberungszug vornehmlich in Paris galt; und so ging es fort in staunenswert dichter Reihe. Dahinter aber erhob sich ein geistiges System: er hat es damals voll ausgebildet und es von da ab in den Schriften und den Taten vieler Jahre ausdrücklich, weiterbildend, dargelegt, ein System, dessen Inhalt dieser war: der Kampf für eine neue deutsche Kultur, ausgehend von Hamburg, zielend zuletzt und zuhöchst immer aus Hamburg, so weite Kreise er sich auch zog; als Waffe und als Mittelpunkt sein Museum. Ich möchte dieses System, und die Persönlichkeit, wie sie darin lebt und steht, an dieser Stelle einheitlich entwickeln und so Lichtwarks historische Stellung umschreiben, ehe ich den Leistungen nachgehe, in denen es sich betätigte.

Will man die Grundlage dieser Stellung mit einem Worte bezeichnen, so wird man sagen dürfen: er war der Sohn der Bismarckzeit. Schon in seinem bewußten Empfinden nahmen die Bilder seiner Berliner Tage, die Bilder des alten Kaisers, den er ehrfürchtig liebte, des großen Kanzlers, dessen riesenhafte Echtheit ihn hinriß, einen großen Platz ein. Er war ein stolzer Deutscher von fester nationaler Gläubigkeit: die Idee der Nation erfüllte seinen ganzen Gedankenbau. Er war bismarckisch noch in einem andern Sinne: in dem Sinne des Realismus, dessen Wahrzeichen der Reichsbegründer war und der sich seit 1866 Deutschland endgültig eroberte. Auch Lichtwark war der Mann der Beobachtung von unten her; mit unendlicher Liebe sah und durchdrang er die Natur, die ihn umgab, bis zu den Blumen, den Vögeln, den Insekten hinab. An seinem Innenleben hatte die Naturwissenschaft einen großen Anteil; auf die philosophische und religiöse Spekulation blickte er mit Achtung, aber von außen her. In seiner Agitation ging er gern von der wirtschaftlichen Nützlichkeit aus; und stets behielt er den Fuß auf tastbarer Erde. Die Kunst, die ihm am Herzen lag, war die von 1890: die Wirklichkeitskunst, die damals den vollen Realismus aus der großen nationalen Politik in die Malerei herüberzog. Den Alltag zu ergreifen, zu beseelen, die eigene Welt ringsum zu durchdringen, darzustellen, sie seelisch und künstlerisch zu meistern und so zu adeln: die Kunst, die das vor allem erstrebte, das war seine Kunst.

Er war bismarckisch auch insofern er ein Feind der Theorien war; er war selber zu sehr Künstler, als daß er der Doktrin erlaubt hätte das Leben zu zerspalten: es gibt keine Kunst, es gibt nur Künstler und Kunstwerke, so hat er wohl gern wiederholt. Die Kunstlehre der Heutigen war und blieb ihm fremd. Und doch habe ich von einem System gesprochen, bei ihm, wie man es bei Bismarck kann; eine große Einheitlichkeit spannt sich doch über all seine Ideen und Bestrebungen aus.

Er ging aus von der Kultur seiner Stadt. Das neue Deutschland lebt in seinen Großstädten, und sicherlich lebte Er in Hamburg: mit dem Herzen stets und nun auch mit seinem Berufe. Ich habe von der Welle von Reichtum und Masse gesprochen, die die neue Großstadt durchflutete, von der Veräußerlichung und Vergröberung, die sie mit sich trug. Lichtwark stellte das Ziel: diese neuen Mächte zu vergeistigen, alle Kulturgewalt anzuspannen, damit die neue breite Gesellschaft nicht roh werde oder roh bleibe. Er hat gelegentlich mit Zorn von der Nichtachtung ihrer Kulturpflichten durch die Schicht des neuen Großbesitzes, durch die Bourgeoisie gesprochen, die erst wieder ein Bürgertum werden müsse; er drängte sie, ihren Besitz nutzbar zu machen für die Gesamtheit. Er selber war am ehesten ein bürgerlicher Aristokrat. Er lebte in der Gesellschaft, er hatte es schon seines Werkes halber gemußt. Aber er wünschte es sich auch. Er kleidete sich schon in Berlin mit bewußter Sorgfalt, er pflegte sein Äußeres nach englischer Art; er war ein Meister der Geselligkeit, ein Plauderer sondergleichen; es zog ihn zur Aristokratie nicht nur seiner Heimatstadt. Er verlangte Durchbildung der Form, auch der körperlich-sozialen, als eine Pflicht gegen die eigene Würde und gegen das Ansehen der ganzen Nation. Er war nichts weniger als ein Radikaler. Aber er war auch über allen Standesgeist erhaben: er beklagte die Zersplitterung der deutschen Gesellschaft in lauter Kasten; wenn er irgend etwas war, so war er unzünftig. Und sein Beruf wies ihn auf eine geistig-soziale Arbeit. Die Erinnerung an den Geisteshunger und die Geistesfähigkeit seiner eigenen Lehrerjahre bereitete der sozialen Forderung des Jahrzehntes in ihm ganz persönlich die Wege, und seine höchste Fachaufgabe, die Pflege der Kunst und die Pflege seiner Kunsthalle, wies ihn in die Breite und Tiefe. Er wollte zur Gesamtheit der Bevölkerung reden durch die Kunst. Sie könne, so sagte er, zu allen reden: nur sie, nicht die Wissenschaft, denn sie ruhe auf der Anschauung der Dinge, und die sei allen zugänglich und allen in Deutschland, Hohen und Niederen, bisher noch ganz gleichermaßen fremd. Sie aber müsse auch an alle herankommen: wer eine deutsche Kunst wolle, der müsse zuerst den deutschen Konsumenten mit Geschmack, mit Liebe zur Kunst durchdringen. Er führte die wirtschaftliche Notwendigkeit ins Feld: nur eine gebildete Abnehmerschaft sichert die Stetigkeit der heimischen Produktion, sonst werden wir abhängig von der Laune des Auslandes. Und er griff weiter. Er forderte für seine Nation die Erfüllung mit gemeinsamem geistigem Besitze, damit sie Halt gewinne in sich selbst. Er forderte Durchdringung des deutschen Lebens mit Form und Haltung, in Kleidung und Erscheinung, in Sitte und Selbstdarstellung, damit sich sein Volk innerhalb der Kulturvölker behaupte, damit der Deutsche draußen nicht der geschliffeneren Bildung der fremden Kultur hilflos erliege. Er forderte die Durchdringung der Erziehung und des täglichen Daseins mit Kunst, mit Kunst auch der Körperbeherrschung, des Tanzes; er stellte, indem er den neuen Typus des Deutschen entwickelte, den Typus des Offiziers und die durchbildende und kraftbildende Wirkung der allgemeinen Dienstpflicht mit in die Reihe der kunsterzieherischen Mächte in seinem Sinne. Und vornehmlich: er verknüpfte diese Kultivierung seines Volkes überall mit der Idee der Persönlichkeit. Sie wollte er in ihren Wurzeln nähren durch die Ausbildung, nach der er strebte: und ohne ihre Kräftigung sei Deutschland verloren. Nur in den starken und elastischen Individualitäten sah er die Sicherung der deutschen Zukunft gegen die Gleichmacherei daheim und gegen den Wettbewerb inmitten der weiten Welt. Er wollte über das niedere Ziel des bloßen Unterrichtens im Wissen und in der Richtigkeit höher hinauf an das Ziel des Erziehens zum Gefühle der Werte, zur Entfaltung der persönlichen, künstlerisch aufnehmenden und künstlerisch schaffenden Kraft; er wollte seine Deutschen gelenkig und frei machen – durch das Erleben von Kunst. Er kam, so kann man es zusammenfassen, von Bismarck her; er ging von Bismarck aus weiter in die Zukunft hinein, zu neuen sozialen Aufgaben der neuen Stadt, die zugleich die Stadt seiner historischen Liebe war; er löste diese Aufgaben, indem er über seine eigene Bildungszeit zurück und hinausgriff in die größte Vergangenheit des deutschen Geistes. Er ging von Bismarck zu Goethe zurück: die Persönlichkeit war sein Stern. Ich habe diesen Zusammenhang seiner Lehren entwickelt: er hat in ihm gelebt und aus ihm Lebenskraft gesogen. Aber sein Weg führte ihn, so oft er auch in diese Höhen hinaufblickte, doch stets über die feste Erde hin: er ist nicht Kulturpolitiker, nicht Prediger und Prophet in abstracto gewesen; es gab ihm eine deutliche Überlegenheit über andere Kulturpädagogen, daß er sein festes Feld, daß er sein Museum hatte.

Er trieb, unter allen Gesichtspunkten des Allgemeinen, doch stets eine durchaus praktische Politik. Von seiner Stadt, von seiner Nation habe ich ihn zeugen lassen. Er ging zu den Lehrern und warb sie zu Bundesgenossen. Er erbaute sich ein System, man kann sagen städtischer Politik: aber er behielt seinen besonderen, festen Kern. In seiner Kunsthalle erst gewann, was er wollte, greifbare Form. Er war Hamburger, Hanseat, Niedersachse; er empfand sich so; er glaubte auch als Deutscher an die Stärke der nationalen Wurzel aller echten Kultur; er glaubte als Sohn seiner engeren Heimat an das Recht und die Notwendigkeit einer landschaftlich gegründeten Kultur und Kunst. Er wollte in Hamburg wieder Kunst lebendig machen: er fand das nur möglich, indem er sie mit dem alten Kulturboden seiner Stadt und seines Landes verknüpfte. Seine Kunsthalle sollte zeigen, daß es hier bodenständige Kunst gegeben habe: an der sollte die Gegenwart lernen, was hier zu leben vermöchte. Er wollte Tradition schaffen durch Geschichte: so sollte seine Kunsthalle die Individualität der hamburgischen Kunst darstellen und neu beleben. Seine Stadt sollte wieder lernen sich „auszudrücken" innerhalb der deutschen Bildung: dafür vor allem schuf er in seinem Museum den Grund: zu einer Saat des Lernens für Künstler und Bevölkerung zugleich. Wir steigen zu seiner lebendigen Tagesarbeit, zu dem, was er tat und schuf, hinab. Es sind die drei großen Sammlungen, die er frühangelegt hatte, und die er fortgeführt hat bis an seinen Tod. Sie greifen ineinander, aber eine jede hat ihr Wesen für sich. Da ist die erste, die Sammlung zur Geschichte der Malerei in Hamburg: wissenschaftlich die größte und neueste seiner Leistungen. Von 1380–1880 umfaßt sie ein halbes Jahrtausend. Auf ihrem Gebiete liegen seine merkwürdigsten Entdeckungen: er hat in einer verblüffend langen Reihe von Bildern und Schnitzwerken das Werk der beiden großen mittelalterlichen hamburgischen Meister vor und nach 1400, Bertram und Francke, zusammengebracht. Wie er es auffand, aufspürte, zusammenerwarb, wie er die einzelnen Altäre losriß von den Stätten, wohin sie die Zeit verschlagen hatte, wie er da alle Instinkte des Jägers, des Diplomaten, die praktische Kunst des hanseatischen Geschäfts- und Regierungsmannes, die persönlichen Verbindungen des Museumshauptes, alle Feinheit und alle bestrickende Liebenswürdigkeit spielen ließ, das ist ein Odyssee für sich und kein unrühmliches Kapitel aus der Geschichte hamburgischer Politik. Was er da aufbauen konnte, war als Ganzes völlig neu. Dem schlossen sich die nachfolgenden Epochen an, das 16., das 17. Jahrhundert mit Scheits und mit der Parallelgalerie der holländischen Vorbilder, das 18. mit Denner, die erste Hälfte des 19. mit Runge und Oldach und Wasmann, bis zu den Specktern und Genslern, bis zu Kauffmann und Valentin Ruths. Eine lange Linie: er schloß sie einheitlich zusammen, er begleitete sie mit einer Anzahl liebevoller Einzelschriften, er sammelte sein bestes Wissen und seine fruchtbarsten Gedanken in den beiden großen Bänden über das Bildnis in Hamburg. Auch seine kunst-geschichtliche Schriftstellerei ging stets vom Gegenwartsinteresse aus; er suchte in Hamburgs Kunstvergangenheit eben jenen Beweis zu führen, daß hier stets bodenständige Kunst, und daß nur solche hier wahrhaft lebendig gewesen sei; nur in der holländischen und etwa der dänischen, wesensverwandten Anregung fand er heilsame historische Einflüsse, den Grund und Gipfel fand er stets in niedersächsisch-hansischer, in hamburgischer Eigenart, und den Gipfel dieser Eigenart fand er im Bildnisse. Er mag diese Auffassung zu scharf zugespitzt haben; Bertram und Francke, vielleicht auch Runge, rücken allmählich in weitere, übernorddeutsche Zusammenhänge hinein; ein zünftiger Spezialgelehrter war Lichtwark nie und wollte es nie sein. Trotzdem scheint mir eine Fülle von historischen Werten in diesen schönen Büchern ausgebreitet zu sein; er fasst seine Künstler stets von innen her als Persönlichkeiten und stellt sie stets in das volle Leben ihrer Welt hinein; er greift weit aus, auf alle Einflüsse, die die künstlerische Produktion innerhalb des Ganzen der hamburgischen Kultur erfuhr, von Staat, Gesellschaft, Geistes- und Vereinsleben; Feineres und Reicheres ist über die seelische Geschichte dieser Stadt nirgends gesagt worden. Sein Herz hat wohl am wärmsten für die Männer von 1800 bis 1830 geschlagen, für Runge, Oldach, Wasmann und die jungen Hamburger, die damals in Hamburg aus heimatlicher Wurzel aufschossen und dann in den Akademiestädten sich durch die Aufpfropfung fremder Schößlinge zu veredeln meinten und doch nur ihr Wesen und ihre Triebkraft fälschten. Er hat die Tragödie der deutschen Kunstgeschichte des 19. Jahrhunderts, die Verkümmerung durch Akademie und Ausland, die Zerstörung und das Verwelken der einheimischen, hoffnungsreich knospenden Ansätze, an der lokalen Kunst Hamburgs geschrieben und so der Kunstgeschichte dieses Jahrhunderts zu seinem gewichtigen Teile neue Bahnen gewiesen: die Berliner Jubiläumsausstellung von 1906 war sein Geisteskind, und wenn das Bild unserer Malerei zwischen 1800 und 1870 seither ganz andere Züge und Namen aufweist als noch in seinem 1886er Programm, so ist Lichtwarks Verdienst an diesem Wandel und dieser Neuentdeckung groß.

Von 1800 ab erweiterte er das Strombett seines Museums: er grub neben dem hamburgischen ein breiteres, deutsches. Er hat das deutsche 19. Jahrhundert in seiner Kunsthalle wundervoll ausgebaut, von Graffs Bildnissen, von dem endenden Rokoko an über die frühen Landschafter in Nord und Süd, in München und Wien, über die große Kunst Kaspar David Friedrichs, über die Berliner mit Krüger, Blechen, Menzel, Steffeck, bis zu den Münchnern von 1870, Spitzweg hier, Leibl, Thoma, Trübner, Schuch dort, und andererseits zu Feuerbach und Böcklin, und zu den Bildnismalern, die sich da anschlossen, Marées, Lenbach und anderen. Er ist bis zu den eigentlichen Zeitgenossen weitergeschritten, die doch noch nicht in den Strom von 1890 hineingehören, bis zu Haider und Wilhelm Steinhausen: er hat Hans Thoma und Wilhelm

Leibl warm geliebt und herrliche Sammlungen von ihnen erworben, er hat an Friedrich eine wahre Herzensfreude gehabt, und Friedrich wie Thoma und Menzel sind musterhaft in seinem Museum vertreten, Menzel so reich, daß nur die Nationalgalerie ihn reicher besitzt. Das alles ist vielseitig und glücklich angelegt und wurde glücklicher und vielseitiger mit jedem neuen Jahre. Allerdings, er hob heraus, was er für das Lebendige hielt; Nazarener und Akademiker findet man wenige, Düsseldorfer wohl fast nur unter den Geschenken. Auch diese Sammlung hat Persönlichkeit. Auch sie ist erstaunlich in ihrer Fülle; auch ihre Entstehung wurde nur möglich, weil er seine ganze Liebe zur Sache und zu den Sachen, seine ganze Spürkraft, die Elastizität seines steten Suchens, Reisens, Werbens, Bittens für sie aufbot. Er war ja unablässig unterwegs; wie er seine Runges, seine Friedrichs erobert hat, wie er den Namen nachging, wie er in Pommern, in Basel in die Häuser drang, wie er Fäden knüpfte und anzog, unwiderstehlich und unabweisbar, weil seine ganze Leidenschaft, eine große, sachliche, reine Leidenschaft, und zudem die Klugheit und die Erfahrung des gewiegtesten Fachmanns hinter seinem Werben stand: das wird einmal aus den dramatisch hinreißenden, leben sprühenden Briefen, die er seiner Kommission nachhause schrieb, in farbigem Glanze hervortreten. Wer diese Briefe las, die ja als Handschrift gedruckt sind, lebt da ein gut Stück werdender Entdeckungen und somit werdender Kunstgeschichte mit.

Noch mehr naturgemäß, und in anderem, noch lebendigerem Sinne, für die Kunst seiner eigenen Tage: für die Kunst, die mit ihm im vollen Sinne gleichaltrig war und der er die dritte, die persönlichste, die praktisch schöpferischste seiner Sammlungen gewidmet hat, die Sammlung der Bilder aus Hamburg, d. h. aus Hamburgs Gegenwart. Mit seiner Staatsdotation, die erst allmählich sehr stattlich heraufwuchs, hat er für die älteren Gruppen Überraschendes geleistet; er hat schon da Privathilfe reichlich herangezogen. Die eigentlich zeitgenössische Kunst hat er ausschließlich aus privaten Mitteln gekauft. Er wußte, daß das Werdende noch unabschätzbar sei, daß Mißgriffe unterlaufen konnten, daß manches dieser Bilder später wieder auszusondern sein möchte, und daß die Zustimmung der Bevölkerung erst langsam nachfolgen würde. Er verließ sich da auf seinen Kunstinstinkt. Es war nichts Geringes, daß seine Kommission ihm den Aufbau dieser angreifbarsten Abteilung ziemlich früh gestattete; ihre Mitglieder als Einzelne haben ihm dann sogar dabei geholfen. Er wollte das verschwindende alte Hamburg malerisch festhalten; er wollte die Generation von Menschen festhalten, die mit ihm lebte. Das war nur das Äußere. Er wollte hier Kunst schaffen. Er wollte hamburgischen Künstlern und den besten deutschen, die er als solche schätzte und die er erreichen konnte, die Aufgabe stellen, Stadt, Landschaft und Menschen Hamburgs aufzufassen; er erwartete davon eine Entwicklung deutscher Malerei von norddeutscher Art, eine Entwicklung neuer Tradition, die eben an die Eigenart und an die Überlieferung dieses niederdeutschen Gebietes anknüpfen würde, und er erwartete ein Aufblühen der Liebe und des Verständnisses dafür in Hamburgs Volk und bei Hamburgs Künstlern. Er hoffte Künstler hier aufzuziehen, indem er ihnen Aufträge gab und ihnen ein Publikum schuf; er hoffte, seine Heimat so am gewissesten der Kunst zu öffnen, mit Kunst zu durchtränken. Und er wollte Hamburg mit Deutschland verbinden, es hier zum Sprechen bringen, es zu einer wirkenden Kraft für sich und für die Nation entwickeln. Seine tiefste Liebe pulsierte hier; wie kannte er dieses Volk und diese Atmosphäre, die Kirchen und die alten Straßen und Häuser, die leisen Hügel und die weiten Ebenen, die heroische Kraft des Hafens, den Wasserdunst der Niederelbe, der– so schrieb er früh – „über alle Dinge der Nähe und Ferne Duft und Ton legt und silbrige Schleier über die Fernen senkt". Hier gab es für seine Landsleute und für die Nation etwas Neues und Großes zu entdecken. Er hat die hamburgischen Künstler aufgerufen und die deutschen hinzugeholt. Die Sammlung wuchs in diesem Vierteljahrhundert zu der nach Gegenstand und Wert charaktervollsten Galerie zeitgenössischer Kunst heran, die Deutschland besitzt. Daß sie als etwas Neues das übliche Ärgernis erregte, versteht sich von selbst. Er hat Kampf und Verdruß reichlich erlebt; er trat mit tapferem Trotze vor seine Bilder und verteidigte sie. Nichts war so ganz seine Schöpfung. Er klagte wohl: jedes neue Bild kostet mich einen abfallenden Gönner. Er hat sich durchgesetzt. Die Wahl seiner Künstler ist persönlich und abgegrenzt; aber er hat neben die strengen Naturalisten, von denen seine Liebe herkam, Ludwig von Hofmann gestellt und hätte gern Max Klinger dazugeworben. Er hat von einigen der lebenden Künstler, denen sein Herz gehörte, von Uhde, Klinger, Liebermann, auch Werke gekauft, die er nicht bestellt hatte und die nicht in den hamburgischen Stoffkreis fielen: aber nur, wo er nicht anders konnte. Am liebsten lud er sie in seine Stadt. Gelegentlich blieb dann das hier gemalte Bild wohl einmal hinter den sonstigen Leistungen des Malers zurück; gelegentlich rief Lichtwark in einer andersgearteten Kunst, wie in L. von Hofmanns schönheitsvoller Phantasiekunst, eine interessante realistische Nebenrichtung hervor; in der großen Mehrzahl der Fälle traf er ins eigentliche Herz der Fähigkeit und Tätigkeit seiner Gäste. Seine Generation als Gruppe ist nirgends so wuchtig zu Worte gekommen wie hier. Es ist ihr Monument geworden wie das des zeitgenössischen Hamburgs. Und Alfred Lichtwark hat es ausgerichtet. Er war ihr Mitarbeiter: er stellte die Aufgaben, manchmal weit über den bloßen Gegenstand hinaus. Und er konnte 1905 rühmen:„die Stifter dürfen sich mit Genugtuung sagen, daß ohne diese Sammlung einige der wertvollsten Schöpfungen der neueren deutschen Kunst nicht vorhanden sein würden, namentlich auf dem Gebiet des Bildnisses". Ich wage zu sagen: an Kalckreuth und Liebermann als Bildnismalern hat Lichtwark seinen geradezu schöpferischen Anteil: und damit ist viel gesagt. Er liebte dieses sein Werk, und seine Künstler haben ihm gedankt. Die hamburgischen haben es ihm neulich noch in Ergriffenheit nachgerühmt, wie Unendliches er für sie getan und wie zart und warm er gefühlt und gesorgt und ermutigt habe. Von den auswärtigen ist ihm der eine jener zwei Führer, die ihm am nächsten standen, in seine Heide gefolgt als Freund, und der andere hat ihn an seiner Bahre als Vater und Freund, als Berater und Förderer seiner Maler gepriesen. Es mag manch Ringen zwischen dem Auftraggeber, der seinen Willen für sich hatte, und manchem Künstler untergelaufen sein; das Ergebnis als Ganzes steht wuchtig da, als ein gewachsenes und lebendiges Werk: und über allen den Bildnissen hamburgischer Lebensrichtungen, die er malen ließ, ist es Lichtwarks Bildnis geworden. Was er von Kindheit an gewesen war und erlebt hatte, fand hier seine überdauernde Form. Er hatte seine bewußten Grenzen. Er hat die italienische Kunst, je weiter er fortschritt, umso unbedingter abgewiesen: sie gehörte nicht in seinen Wirkenskreis. Die Engländer wurden ihm seit langem fremd. Auch vor den großen Franzosen des letzten halben Jahrhunderts wünschte er die deutsche Kunst zu wahren: er bewunderte sie und würdigte ihren Einfluß, er wünschte seiner Nation eine eigene Entwicklung, die nicht immer von neuem durch Fremdartiges unorganisch gesprengt würde. Als er die Grundlage seiner Sammlung stark genug gefestigt zu haben meinte, begann er auch Courbet und die Impressionisten zu kaufen; seine letzten Einladungen hatten zwei Pariser Porträtisten gegolten, sein Wunsch ging auf Hodler. Den Aufstieg einer neuen Monumentalität bemerkte und begrüßte er seit langem, und auch den Allerneuesten wandte er seinen fragenden Anteil zu: schwerlich seine Freude und seine Liebe. In seine Schöpfung konnte und wollte er sie nicht einbeziehen. Er blieb auf dem Boden seiner Generation.

Seine drei großen Sammlungen, Althamburg, das Hamburg und das Deutschland des 19. Jahrhundertsund das von 1890–1913: sie dienten einer Anschauung; all sein Interesse ging, wir sahen es, aus von der lebenden Kunst, und von ihr her auf bestimmten Bahnen in die Geschichte hinauf. Als wegeweisender, künstlerisch mitschaffender und selbst – d. h. durch die von ihm geworbenen Freunde – bezahlender Museumsleiter hat er einen neuen Typus begründet. Und ebenso als sozialer Museumsleiter: denn seine Sammlung schon diente ja stets seiner Einwirkung auf das Leben seiner Stadt, dieser Einwirkung, deren Erinnerung ich eingangs aufrief und deren großen Gedankenaufriß ich nachzog. In beidem wurde er, der von Brinckmann gelernt hatte, in neuer Richtung und aus dem Gebiete der eigentlichen Kunstgalerie zum bedeutsamen Lehrer für eine nachwachsende Generation deutscher Museumsverwalter, als deren erster Mann er starb.

Seine Kunsthalle wurde ihm zum Zentrum einer Agitation. Er agitierte, um sich Helfer, zahlende, mitwirkende, mitliebende Helfer zu gewinnen; er agitierte, um diese Helfer in ihrer eigenen Persönlichkeit, um seine Stadt und ihr Publikum künstlerisch, geistig, menschlich zu erziehen. Mittel und Selbstzweck gingen da stets miteinander. Seine Verbündeten sollten, in sich selber und für Hamburg, zu Trägern und Dienern seines Kultur-ideales werden. Seine Gönner sind immer zugleich seine Schüler geworden.

Ich zähle diese Ausstrahlungen nur noch systematisch auf. Er hat hier Lehrer und Schulen geführt und sie und alle mit bewundernswürdiger pädagogischer Kunst erzogen. Er hat zu seinen Vorträgen eingeladen und die großen Säle überfüllt. Wieviel Liebe und wieviel Glück mag er da ausgestreut, wie viele Augen geöffnet, wie viele Herzen bereichert haben! Er führte zu den Dingen und erläuterte sie. Er sprach als Meister, zwanglos, frei, am liebsten halb plaudernd, aus dem Moment heraus, mit entzückender Frische und Leichtigkeit, mit einer neidenswerten Unmittelbarkeit von Gedanken, Gefühl und Form. Da schoß das Fernste blitzartig zusammen und erhellten sich die weitesten Räume; da sprühten die Evigramme, witzig und einfach, geistreich und tiefsinnig, und selbst in der Paradoxie von schlagendem Menschenverstand. Da sammelte er im engeren Kreise die Dilettanten um sich, lehrte sie, arbeitete mit ihnen, bildete und erzog auch sie: er wollte die Kräfte schulen und sie zur Freude verwenden. Er hat die geschlossene Gesellschaft der Kunstfreunde von 1893 ins Leben gerufen und beseelt und in den 18 Bänden ihres Jahrbuchs Funken und Edelsteine verschwenderisch um sich gestreut. Er wies die Wege zu allen möglichen Einzelzweigen dilettantischer Tätigkeit, die der bildenden Kunst ein reiches und verständnisvolles Echo schaffen sollte, wie der Dilettantismus es der Musik längst geschaffen hat. Er führte zur Buchkunst, zur Graphik, zur Photographie, zur Weberei, zur Keramik, zur Blumenkunst. Er wünschte sich Sammler und pries den Segen ihrer persönlichen Freudigkeit und ihrer werteschaffenden Leistung zugleich. Er lehrte seine Getreuen, zu sehen und zu unterscheiden: er hat in diesem Jahrbuch seine alten Mahnungen zur echteren Ausgestaltung der täglichen Umgebung und des täglichen Lebens, zu ihrer Durchdringung mit Zweck und Einfachheit und mit Reinheit des Geschmackesneu vorgetragen und sie dann erst später hinausgesandt in die weitere Welt. Da kamen die kleinen Aufsätze über die Blumen, der Kampf für Natürlichkeit und Heimatlichkeit, für Farbe und eigene Wahl, der Kampf gegen das „Makartbukett"; da ging er weiter zum Hausgarten, zum Garten, zum Park und kämpfte, von Kindheitseindrücken und architektonischer Gesinnung geleitet, für den Stil gegen den falschen, „romantischen" Naturalismus der sogenannt englischen Gartenkunst. Da sprach er vom Hause und seiner Einrichtung, von Fenster, Tür, von Farbe und Licht, von den Möbeln und ihrer Anordnung: überall das Einfache, Klare, Gesunde, das wir so sehr verloren hatten, das Bürgerliche für das Bürgerhaus, eine klare Stattlichkeit für das Rathaus, aber nicht die Herrschaft des Südens und der Fremde, wo sie fremd und schädlich bleibt. Da trug er die Lehren von der Zweckdienlichkeit im Hausbau, von der Minderwürdigkeit des reinäußerlichen Schmuckes, von der Dienstbarkeit der Fassade vor und wies auch für Haus und Architektur auf die norddeutsche Überlieferung hin: er griff in den Gesundungsprozeß unserer Baukunst mithelfend ein. Und Haus und Garten führten ihn auf das Bild der Stadt: er bekämpfte den englischen Landschaftsstil auch in der Gestaltung der Alsterufer; er kämpfte auch da für eine neue Kunst. Und er verfocht da unmittelbar sein Ideal städtischer Reform: die Reform des Geschmackes, die Heranziehung der breiten Bevölkerung zu freier körperlich-sozialer Bewegung auf den Spielwiesen des Parks, die Nutzbarmachung der neuen großen Mittel der Weltstadt für Spiel und Behagen, für Stil und Augenbildung; und andererseits die freie und weite, organische Gestaltung des Bebauungsplanes der Vororte. Zugrunde lag überall das gleiche, ästhetisch-praktische Ideal. Er ging neben Hamburgs öffentlichem Leben her, den Parteien fremd, und wirkte doch mittelbar und unmittelbar hinein. Er wünschte das Selbstgefühl des Hamburgertums, den Sinn für Überlieferung und für Qualität, als tragende moralisch-politische Kraft des Gemeinwesens zu heben. Er hat in schönen und ergriffenen Worten von den Vorkämpfern seines Bestrebens innerhalb der hamburgischen Politik, wie von Sigmund Hinrichsen, dem Präsidenten der Bürgerschaft, von Bürgermeister Burchard gesprochen. Der Kreis seiner Gedanken und Wünsche umspannte da fruchtbar das ganze Leben auch des hamburgischen Staats. Er wünschte diesem Staatsleben eine gesteigerte Wirksamkeit der zielsetzenden und leitenden Persönlichkeit und der geistigen Kultur. Er hat den Kampf um die Hamburger Hochschule mit leidenschaftlichem Anteil begleitet: es war, das wußte er wohl, in anderer Profilstellung sein Lebenskampf. Er lebte alles mit, in tiefer innerer Glut, und manchmal im Zorn; er faßte da alles als ein unteilbar lebendiges Ganzes; er hat der neuen Wissenschaft oder Kunst der modernen Städtekunde vorgewirkt, ihr Programm geschrieben, und zäh für sie im einzelnen mitgearbeitet.

Und damit griff er über Hamburg hinaus. Er kannte Deutschland und Europa; seine Reisen führten ihn von früh an mit offenen Augen durch die Welt, England, Frankreich, den Norden; dem europäischen Süden blieb er seit langem fern. In Deutschland war er überall zu Hause, und überall fand er die Fragestellungen seiner Heimat. Er sah in Zellerfeld und Klaustal den Einbruch des akademisch-bürokratischen Unverstandes in eine bodenständige Architektur. Er sah in jeder unserer großen Städte die verwandten Probleme; er sah sie alle, mit feinem und sympathischem Blicke, historisch; er sah den alten Kulturgestalter, den fürstlichen Absolutismus, in ihrem Grundplan tätig und dann das neue Bürgertum; er drang ihnen allen mit scharfer Beobachtung und lebendigem Verständnisse in die Seele ihrer Vergangenheit und ihres Gegenwartslebens und mahnte ihr Bürgertum und stellte ihm die kulturellen städtischen Aufgaben so wie daheim. Man kannte und hörte ihn überall; er hatte jener Berliner Ausstellung von 1906 die Richtung gewiesen; er sprach in den Geschmacksfragen, den Fragen der Kunsterziehung und der Persönlichkeit, der deutschen Kunst und des Kunstgewerbes, durch seine Bücher zur ganzen Nation. Wie sich da seine Einwirkung mit der der Kampfesgenossen abwiegt, das stelle die Geschichte fest: der Geschichte dieser lebendigen Bewegungen gehört er überall zu. Und seine Bücher waren ein Wirkungsmittel in die Ferne, wie seine Bilder und sein Wort es daheim waren. Meist sind sie vom Augenblicke her, aus der Praxis, entstanden; und immer wachsen sie hoch ins Allgemeine hinaus Da sind die Städtebilder, unendlich lehrreich, die Garten- und Hausbücher, da sind die wundervollen Reisebücher: die Reise im Auto, in der Segeljacht, im Luftschiff– die ganze Kette der Zeiten; greifbar anschaulich und gleichsam selbstverständlich im Nächsten, und immer weitausschauender Weisheit voll. Da sind die Erziehungs-, die Bekenntnis- und Kampfesbücher, das reichste von ihnen sein „Deutscher der Zukunft"; da sind die Bücher über Dilettantentum und über Museumsarbeit – historisch und agitatorisch ein Reichtum, der noch vielen dienen muß. Der Kämpfer ist überall in ihm – aber auch der Historiker, und der Künstler. Er war ein Plauderer auch in Schrift und Druck; ein Briefschreiber von unerhörter, klarer und funkelnder Anmut, ein Stilist von der natürlichsten Reinheit, der Schüler englischer und französischer Prosa, die er immer von neuem genoß, und der Schüler und Leser Goethes und Lessings, Mösers und Lichtenbergs; seine Sprache ist leicht und schlicht, sachlich, durchsichtig und geistreich, überraschend durch die Natürlichkeit auch des Kühnsten. Er ficht und sticht, mit biegsamer Dialektik und manchmal mit derber Verachtung, kaustisch, witzig, fast einschmeichelnd und immer fesselnd, im Innersten grimmig, aber stets und ganz ohne Pathos. Er war der literarische Vertreter derselben Gesinnung und Art, der seine Lieblingsmaler angehörten, und ein Künstler wie sie. Als den praeceptor Germaniae hat ihn Liebermann gepriesen: dem „Deutschen der Zukunft", in jenem Sinne, den ich entwickelt habe, galt seine Lehre und sein Kampf. Aber die Kunst und sein Hamburg blieben ihm Ausgang und Ziel, wohin auch immer ihn sein Aufschwung trug. In seinen Städtebildern gilt der wärmste Ton seiner Bürgerstadt an der Elbe, ihrer Besonderheit, ihrer unverwüstlichen Schönheit, ihrer Zukunft: auf sie war er stolz, auch wenn er sie schalt. Und in aller Ferne lernte er stets für Deutschland und für Hamburg.

Das war Alfred Lichtwarks Wirksamkeit. Sie bildet auch zeitlich eine Einheit. Sie stieg um 1890 auf; sie mag von etwa 1893 ab ein gutes Jahrzehnt auf ihrer höchsten Höhe gewesen sein: das war die Zeit Franckes, Bertrams, Runges, des Bildnisses in Hamburg, die Zeit der eifrigsten Anregung im engen und weiten Raume, der reichsten Veröffentlichungen. Das letzte Lebensjahrzehnt ruhte auf diesen Grundlagen. Aber gerade seit 1908 noch hat er um Hamburgs Stadtbild und Stadtplan, den Park, die Stadterweiterung im Alstertale gekämpft: im Gegensatze und doch auch im Zusammenwirken mit den vollbringenden Künstlern und Praktikern, zu denen er stand wie der Publizist zum Staatsmanne steht; auch die Ideen des großen Publizisten fügen sich nicht immer gleich und nicht immer ganz in die Schwere der Wirklichkeit hinein, aber sie erobern sich ein gutes Stück Wirklichkeit und Zukunft, und Lichtwark sah gegen sein Ende diese Zukunft getrost in bester Hand. Seine eigenste Arbeit schritt im engeren Kreise ebenfalls rastlos fort: er heimste für seine Galerie wundervolle Ernten ein, er setzte es durch, auch aus der Weberschen Gemäldesammlung nach der Qualität auswählen zu dürfen, er gewann zuletzt, nach langem Sehnen und Ringen, die Bewilligung seines Kunsthallenneubaus, er arbeitete diesen auf Reisen und in hundert Überlegungen durch, er sah ihn aufsteigen nach seinen Wünschen.

Er hatte sein Lebelang wenig von sich selber gesprochen. Es trifft uns heute mit ahnungsvoller Wehmut, daß er in diesen Jahren, 1909, 1912, zu Max Klinger gewandt oder vom Fluge des Luftschiffes herunter, in seine eigene Vergangenheit zurückgeschaut hat, auf seine ferne Kindheit, auf die gemeinsamen Erlebnisse an deutscher Kunst durch drei Jahrzehnte hin, auf seine Arbeit für Meister Bertram, dessen Altar er einst gerettet hatte, indem er ihn aus Buxtehudes inzwischen abgebranntem Rathaus dort unten nach Hamburg entführte. Es ist wie ein Hauch von nahendem

Alter in dieser neuen Erinnerungslust. Er aber ging in festen Geleisen und hoffte sein Lebenswerk zu vollenden.

Er lebte in seinem Hause, in Stille und Harmonie, im engsten Kreise der Seinen, voll männlicher Selbstbeschränkung und männlicher Güte, großsinnig und zartsinnig, ein Freund seiner Freunde, denen der Druck seiner Hand und das Verständnis seines Herzens unersetzbar bleibt. Er gehörte in Hamburg einer Fülle von Lebenskreisen an und gab einem jeden von ihnen: auch in den Jahren, da er begonnen hatte, sich zurückzuziehen. Man hielt ihn draußen hoch, in Kiel und Lübeck, wie in Berlin, in München und Nürnberg, und suchte seinen Rat. Er war ein Ruhm seiner Vaterstadt. Er atmete in der großen Welt und war bei Künstlern und Fürsten der gleiche Mann, von selbstverständlicher Grazie und unbedingt echt. Er liebte die Jugend, die Kinder, und sammelte sie gern um sich. Die ihn wirklich gekannt haben, wußten, welch tiefer und reiner Ernst und welche einfache Wärme hinter all den spielenden und kriegerischen Geistern und aller überlegenen Weltklugheit seiner Oberfläche lag. Am wohlsten wurde ihm, wenn er von seinem kleinen Hause in der Heide über die Kiefernhöhen und die großen Linien des Heiderandes hinaussah in das weite Land. Aber das Herz seines Daseins schlug in der Kunsthalle.

Wir sahen ihn seit Jahren welken, und manchmal hat uns der Hauch der tragischen Furcht berührt, daß dieser Wirkende aus seiner Arbeit weggerissen werden könnte, gerade da er sie krönen und innerlich abschließen wollte. Die Tragödie hat sich an ihm vollzogen. Aber ein Wirkender ist er geblieben, bis zuletzt. Hätte er – ich glaube es nicht – in diesen Zeiten mit seinem Dasein Abrechnung gehalten, er hätte wohl zufrieden sein dürfen. Von seinen Erziehungswünschen in Kunst und Leben war allerlei übergegangen in die Nation: er wußte, daß es seit 1886 vorangekommen war, nach mancher Fehde erfreute ihn etwa die neue Blüte der deutschen Architektur; er hatte am Kleide der Zukunft mitgeschafft, dieser Teil seiner Arbeit geht ein ins Leben des Allgemeinen. Greifbarer bleibt sie im hamburgischen Leben. Er hat da manches beklagt und manches angeklagt bis zuletzt. In einem Kämpferdasein geht mancher Hieb daneben und mancher vielleicht zu weit; in anderem mochte er voran sein und die Wirklichkeit erst langsameren Schrittes nachfolgen. In geistiger Kultur und Kunst- und Stadtpolitik schien ihm nicht alles geglückt; was er an Plänen an das Rathaus geknüpft hatte, war unerfüllt geblieben; der Traum, eine der klassischen Sammlungen germanischer Kunst, die vor Jahren frei wurde, für Hamburg zu gewinnen, zerrann ihm, ohne Hamburgs Schuld, aber verschmerzt hat er ihn nie. Es liegt in der Art solcher Kämpfer, immer vor allem das zu sehen, was ihnen nicht gelang. Und Menzel, Leibl, Böcklin, Klinger hatte er für die Bilder aus Hamburg nicht zum Malen gebracht. Über all das hinweg aber ragte doch auch für ihn der Erfolg. Man darf behaupten: nirgends wäre ihm ein so starker und so nachhaltiger erblüht wie hier. Wo wäre ihm ein Museum so in die Hände gegeben worden, um es auszugestalten nach seinem eigensten Bilde? Wo wäre ihm, über mancherlei Widerstand und Unverstand, der Dank und die Mitarbeit, aus dem Kreise seiner Kunstverwaltung und einer ganzen Stadt, so reich und frei entgegengeströmt? Er hat sich auswirken dürfen: das war sein Trost und sein höchster Lohn. In Berlin, das er vor 30 Jahren verließ, hätte er es, so hat ihm der erste seiner Berliner Freunde nachgerufen, nicht gekonnt. Seine Kunsthalle leuchtet über Deutschland hin: als ein Vorbild, dem viele gefolgt sind. Sie wird weiterleben, und sie muß weiterwachsen. Der Nachfolger, den sie nach Lichtwarks eigenstem Sinne und Wunsche zum Leiter erhielt, ist, so getreu er ihm immer sein kann, der Sohn einer leise schon andersartigen Generation. Das Zeitbegrenzte an Alfred Lichtwark wird überschritten werden. Aber die Bewegung selber wird bleiben, die er seiner Schöpfung ins Blut getrieben hat: der Pulsschlag seines starken Herzens, der unverlierbar in sie über-gegangen ist. Wir, die ihn kannten und liebten, haben heute noch alle das Gefühl, als sei durch seinen viel zu frühen Tod auch sein Werk verwaist und halb geblieben, die Mauern seines Neubaus leer, als könnten sie niemals wieder der Seele voll werden, die er ihnen einhauchen gewollt. Das alles wird sich heben und versöhnen. Das Allerpersönlichste, das uns aus unserem Dasein herausgerissen worden ist, taucht für die Nachwelt wieder empor, als Bild seiner Zeit, als Bild seines Wesens, stark, treu, reich, überströmend von fruchtbaren Kräften und unermüdetem Streben, das Bild eines ganzen Mannes und eines ganzen Menschen. Die Nachwelt wird es besser in seinen Rahmen stellen als wir, die wir vor ihr den Vorzug des tieferen Mitgefühles und den Vorzug unseres Schmerzes haben. Wir spüren die Lücke: Er aber lädt uns, tapfer und freudig, wie er allezeit war, schon heute hinüber in die Anschauung seines Werkes. Er hat auf Justus Brinckmanns Museum die Worte gesprochen:„wer solch ein Werk hinterläßt, bleibt im Andenken wie ein großer Künstler, dessen Gemälde oder Bildwerke sein Volk als nationales Gut in Freude und Dankbarkeit aufbewahrt".

Das ist für Abschied und Wiedersehen unser letztes Wort auch an ihn.

Anmerkung

Lichtwarts Werke bedürfen der einheitlichen Neuherausgabe und würden sie in hohem Maße lohnen. Gegenwärtig ist vieles von ihnen schwer zu erlangen. Ich stelle hier nur vorläufig die Gruppen zusammen. Der Ornamentstich der deutschen Frührenaissance nach seinem sachlichen Inhalt 1888 (daraus die Dissertation, Leipzig, 1885: Die Kleinmeister als Ornamentisten, mit der Vita). Stiche und Radierungen von Schongauer, Dürer und Rembrandt (mit Janitsch) 1885 (schöne Einleitung zum Rembrandt: Studien II 114–33). Dürers Marienleben 1898. Holbeins Bilder des Todes 1897. Zur hamburgischen Kunstgeschichte: H. Kauffmann und die Kunst in Hamburg von 1800–1850, 1893. Ph. O. Runges Pflanzenstudien 1895. Das Bildnis in Hamburg, 2 Bde., 1898. Meister Francke 1899. M. Scheits 1899. J. Oldach 1899. Meister Bertram 1905 (der Mensch hinter dem Werke, S. 178!). O. Speckters Katzenbuch 1900. Kunsthalle: Führer und Kataloge nebst Einleitungen, so: Verzeichnis der Gemälde neuerer Meister, und: Sammlung von Bildern aus Hamburg, beide 1897, im ersten: Geschichte und Organisation der Kunsthalle. Vgl. auch: Aus der Praxis, 1902, das Jahrbuch der Kunstfreunde von 1905. Die Wiedererweckung der Medaille 1897. Einzelaufsätze: in der Gegenwart, der Nationalzeitung, den Preuß. Jahrbüchern 1881-6, in Auswahl abgedruckt in den 2 Bänden Studien 1896, 97; im Pan; im Jahrbuch der Gesellschaft Hamburgischer Kunstfreunde, 18

Bände, 1895 bis 1912; vieles, doch keineswegs alles in den nachfolgenden Sammelbänden wieder abgedruckt. Das Jahrbuch und andere, nicht in den Buchhandel gegebene Schriften sind in Commeters Kunsthandlung in Hamburg zu haben. Drei Programme (von 1886–88; 1902; dazu Bericht über die Rathausdekoration 1895). Aus der Praxis 1902. Übungen im Betrachten von Kunstwerken 1897. – Die Seele und das Kunstwerk (Böcklinstudien) 1899. – Die Erziehung des Farbensinnes 1901 (nach Vorträgen von 1891; S. 48 der Duft der hamb. Landschaft). – Wege und Ziele des Dilettantismus 1894 (Notwendigkeit des Individuums: S. 36). – Vom Arbeitsfeld des Dilettantismus 1897.– Die Bedeutung der Amateurphotographie 1894, vgl. Die Kunst Bd. 59, 1907; Der Sammler: Jahrbuch 1911; und: Aus der Praxis. – Makartbouquet und Blumenstrauß 1892; Blumenkultus, wilde Blumen 1907; Park- und Gartenstudien 1909. – Palastfenster und Flügeltür 1899; Städtebau, Jahrbuch 1911; vgl. Das Städtestudium (1900, Lotse)in: Aus der Praxis. – Deutsche Königsstädte 1898 (Von der Bourgeoisie zum Bürgertum: S. 126). Hamburg, Niedersachsen, 1897. – Die Reisebücher: Eine Sommerfahrt auf der Yacht Hamburg 1904; Reise im Kraftwagen (mit Prinz Eugen von Schweden), Jahrbuch 1907; im Luftschiff Hansa(mit Herzog Johann Albrecht) eben da 1912. – Schließlich, historisch, kulturell, museal, persönlich, das Gipfelbuch: Der Deutsche der Zukunft, Graf und Gräfin Kalckreuth gewidmet, 1905. S.9: Reichtum und Kulturpflichten. S.46: Kraft und

Wissen. Hierin auch die Brinckmann-Biographie (Zickzacklebensläufe: S. 151 ff.; Brinckmanns Museum: S. 206 ff.; der Mann und sein Werk: S. 217; Jugendtraum: S. 232; der Schlußsatz meiner Rede: S. 234). Dazu gehört noch der Vortrag an die Philologen von 1905 (Künstlerische Bildung auf örtlicher und volklicher Grundlage, Jahrbuch 1905). –Lichtwarks kostbare Briefe an die Kommission für die Ver- waltung der Kunsthalle sind seit 1895 in langer Bändereihe als Manuskript gedruckt worden und öffentlich nicht zugänglich. Ich füge noch hinzu: Rückblicke auf sein Leben: Makart-bouquet S. 46, Jahrbuch 1912, S. 35 ff., 45. Ansprache an Klinger, Jahrbuch 1909. Angeborenheit aller Gedanken: Seele und Kunstwerk S. 70. Hinrichsen, Burchard: eb. 1902,1912. R. Muthers Erinnerungen: in dessen Studien und Kritiken I 1900, S. 167 ff. Ich verdanke den Hinweis darauf Herrn Bürgermeister von Melle. Für wertvollen brieflichen Austausch in diesen Wochen sage ich ferner den Herren Justus Brinckmann, Gustav Pauli, Gustav Schiefler, Carl Mönckeberg, F. F. Eiffe in Hamburg, sowie Carl Neumann und Wilhelm Waetzoldt, und überdies Max Liebermann herzlichen Dank. Aus der sehr vielfältigen Literatur nach Lichtwarks Tode habe ich außer Liebermanns monumentalen Worten am Sarge(Hamburgischer Correspondent, 30.Januar) die beiden schönen Reden von H. Häring (Hamburger Künstlerverein, Correspondent vom 17. Februar) und G. Schiefler (Gesellsch. Hamb. Kunstfreunde, in den Hamb. Zeitungen, jetzt vollständig in einem Sonderdrucke der Gesellschaft), die vielseitigen Aufsätze in der Hamb. Zeitschrift für Heimatkultur, Februar 1914, und den wertvoll zusammenfassenden und urteilenden von Wilh. Waetzoldt in den Geisteswissenschaften, Heft 18, S. 484 ff., benutzt; nachträglich M. Liebermanns lebendige Erinnerungen im Tag, 24. Januar, und ein liebevolles Gedenkblatt von der Hand einer nahen Freundin. Ich selber habe seit Lichtwarts Tode ganz in seinen Schriften gelebt, die ich seit langen Jahren, zumal in dem engen Beisammensein zu Hamburg von 1907–13, miterlebt hatte und die mich nun, in ihrem vollen Zusammenhange, dennoch überraschten und erschütterten; ein Anfang Februar geschriebener erster Aufsatz, der subjektiv und objektiv persönlicher als diese Rede ist, erscheint in Velhagen und Klasings Monatsheften, April, S. 625–30. München, 19. März 1914.